FUNDAÇÃO NACIONAL DO LIVRO INFANTIL E JUVENIL — FNLIJ
Livro Altamente Recomendável — Informativo (2006)

Música

1ª edição

Texto
e
Ilustrações

Formato

FICHA CATALOGRÁFICA
Dados Internacionais de Catalogação na Publicação (CIP)
(Câmara Brasileira do Livro, SP, Brasil)

Coelho, Raquel
  Música / texto e ilustrações Raquel Coelho.
– São Paulo: Formato Editorial, 2006. – (Coleção No caminho das artes)

ISBN 978-85-7208-436-9

1. Música – Literatura infantojuvenil I. Título. II. Série.

06-4081   CDD-028.5

Índices para catálogo sistemático:

1. Música: Literatura infantil 028.5
2. Música: Literatura infantojuvenil 028.5

MÚSICA
Coleção No caminho das artes

Texto, ilustração e fotografia ©	Raquel Coelho
Gerente editorial executivo	Rogério Carlos Gastaldo de Oliveira
Editora	Andreia Pereira
Supervisão editorial e edição de texto	Sonia Junqueira – T&S Texto e Sistema
Supervisão de revisão	Fernanda A. Umile
Edição de arte	Norma Sofia – NS Produção Editorial
Preparação de texto	Margaret Presser
Produção gráfica	Rogério Strelciuc
Impressão e acabamento	Forma Certa Gráfica Digital

Direitos reservados à
SARAIVA Educação S.A.
Avenida das Nações Unidas, 7.221 – Pinheiros
CEP 05425-902 – São Paulo – SP
www.coletivoleitor.com.br

Tel.: (0xx11) 4003-3061
atendimento@aticascipione.com.br

Proibida a reprodução total ou parcial desta obra
sem o consentimento por escrito da editora.

10ª tiragem, 2022

Consultoria
BERENICE MENEGALE
Fundadora e Diretora Executiva da
Fundação de Educação Artística (Belo
Horizonte)
EDSON GIANESI
Músico (percussionista)
Professor de Música (Percussão e
Composição)

Logotipo da coleção
OLIVIER HEITZ

CL: 810943
CAE: 602187

Cada pessoa é um mundo de gostos, sonhos, sensibilidades.

Para meu pai, que gostava de Elizeth Cardoso, Nelson Gonçalves, Paulinho da Viola, Chico Buarque, Vinicius, Adoniran e Noel.
Para Pedro, que gostava de The Doors, MotorHead, Thelonious Monk, Rolling Stones, Beatles, Zappa, Amon Tobin e Manu Chao, e também de Brahms, Wagner e Ravel.

Pedro e papai: nem um milhão de homenagens vão poder expressar a importância de vocês na minha vida.

Música é como mágica: faz a tristeza virar alegria, a solidão virar companhia, e faz o desânimo virar vontade de viver sempre de bem com a vida.

Os sons estão por toda parte: bichos pequenos e grandes fazem todo tipo de barulho, como os latidos, miados, pios ou mugidos. Os trovões têm um som imponente e grandioso, e os pingos de chuva, um som suave e gostoso. O barulho das ondas do mar tem um ritmo que encanta, enquanto o vento parece estar querendo nos contar uma história. Talvez a história da música...

Os sons estão por toda parte, na natureza e nas cidades, mas são as pessoas que criam a música, organizando os sons e dando sentido a eles.

A música começa dentro da gente. Quando nasce, cada criança já tem, no próprio corpo, vários instrumentos musicais: a voz, para cantar; as mãos, para bater palmas; e o coração pulsando como um tambor, marcando o caminhar pela vida com seu ritmo constante, acompanhado pelo sopro leve da respiração.

Para acompanhar o som da voz e das palmas, o ser humano criou flautas, tambores, guitarras, cuícas, violinos, tamborins, trombones, berimbaus e milhares de outros instrumentos. E aprendeu a criar conjuntos maravilhosos misturando vários deles, como fazem as baterias das escolas de samba, as orquestras, os corais, os grupos de *rock* ou de samba, os quartetos de cordas e tantos outros.

A música baila nas festas de rua e dentro de casa. Rebola nos *shows*, voa no rádio, gira nos discos e nos CDs e tira a gente do sério quando nos envolve nos seus ritmos e melodias. E, quando mergulhamos de verdade nos sons, podemos sentir a música voando alto pelos ares!

E como é bom voar com ela!...

Como a música começou a existir?

Conhecer a música de milênios atrás é como montar um quebra-cabeça sem ter todas as peças. É que, no tempo das cavernas e das primeiras civilizações, nenhuma música foi gravada, pois ainda não existiam gravadores, discos, computadores, CDs ou fitas cassete. Como não existem gravações, não podemos ouvir a música exatamente como era tocada na Antiguidade.

O primeiro gravador foi inventado por Thomas Edison em 1877. A primeira transmissão de rádio só aconteceu em 1906. O disco de vinil apareceu em 1948. Os CDs que conhecemos hoje só surgiram nos anos 1980. Se pensamos na história da música, que nasceu junto com o ser humano, podemos considerar que todas essas invenções são muito recentes.

Para ter uma ideia de como era a música na Antiguidade, é preciso coletar informações na forma de objetos, desenhos e textos. Esse trabalho, geralmente, é feito por pesquisadores que investigam, estudam e contam para o mundo a história da música.

Essas pesquisas têm revelado um mundo pra lá de fascinante. Pois a história da música não é só a história dos instrumentos musicais: é também um relato social, que nos fala sobre muitos aspectos da vida das pessoas que viveram antes de nós.

Todo mundo gosta de brincar com sons, de produzir barulhos e descobrir o som que cada coisa faz. Os homens das cavernas e das primeiras tribos, com certeza, também brincavam com os sons, não só por puro prazer, mas também por necessidade: usavam os sons para avisar os amigos sobre um perigo iminente, para assustar ou chamar animais e para se comunicar com outras pessoas à distância. O prazer também marcou o surgimento da música: é fácil imaginar que os homens das cavernas gostassem de cantar ou bater palmas enquanto caçavam, corriam, brincavam ou dançavam. Com o tempo, começaram a usar coisas que encontravam na natureza para criar os primeiros instrumentos musicais. Há 18 mil anos, os homens das cavernas já dançavam ao som de tambores. E 40 mil anos atrás já existiam os apitos...

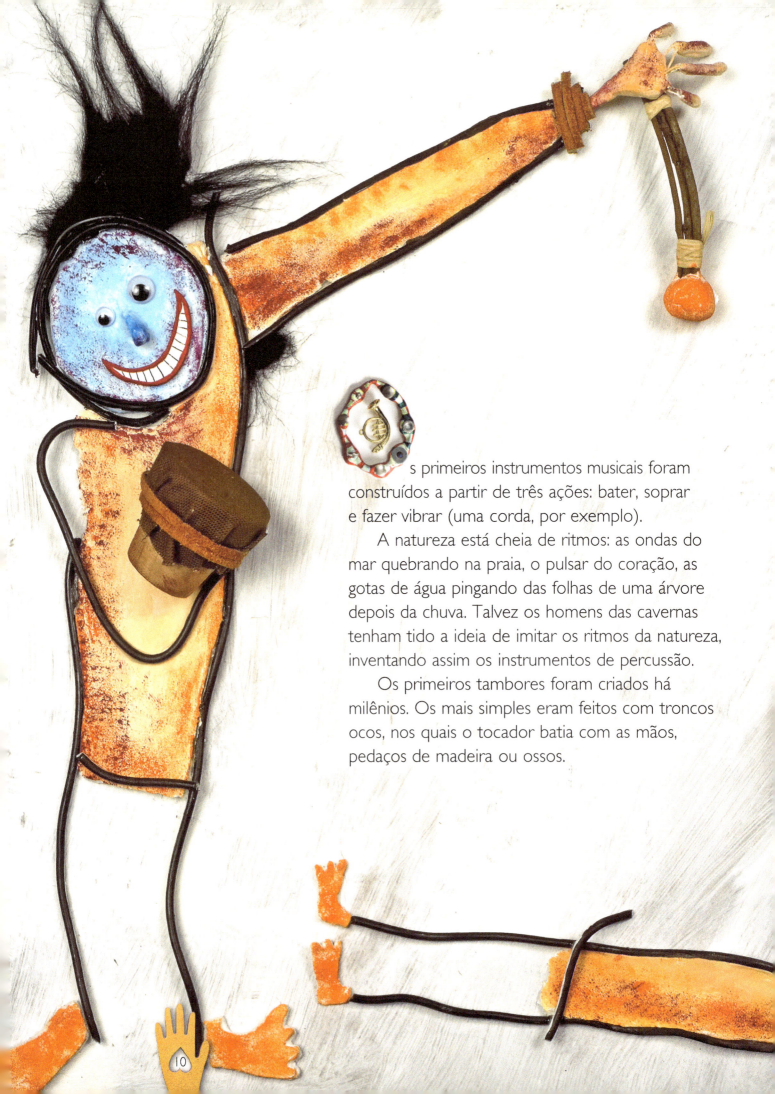

Os primeiros instrumentos musicais foram construídos a partir de três ações: bater, soprar e fazer vibrar (uma corda, por exemplo).

A natureza está cheia de ritmos: as ondas do mar quebrando na praia, o pulsar do coração, as gotas de água pingando das folhas de uma árvore depois da chuva. Talvez os homens das cavernas tenham tido a ideia de imitar os ritmos da natureza, inventando assim os instrumentos de percussão.

Os primeiros tambores foram criados há milênios. Os mais simples eram feitos com troncos ocos, nos quais o tocador batia com as mãos, pedaços de madeira ou ossos.

arco e a flecha usados na caça vibram no ar, produzindo um som muito especial. Talvez daí tenha surgido a ideia de construir instrumentos aproveitando a vibração das cordas.

Ossos e madeiras também foram usados na fabricação das primeiras flautas e dos primeiros apitos, que parecem recriar o som das brisas e do vento.

Soprar, bater ou fazer vibrar. Dessas três ações básicas surgiram as principais famílias de instrumentos musicais: os sopros, as percussões e as cordas.

As civilizações mais antigas de que se tem notícia viveram há mais ou menos 5500 anos, na região da Mesopotâmia, onde hoje é o Iraque. Em sua maioria, os povos daquela região acreditavam que cada fenômeno natural era regido por um deus diferente. Cantar era uma forma de se comunicar com esses deuses para tentar controlar os acontecimentos da natureza e, assim, fazer a vida melhor.

Os instrumentos musicais daquela época já eram bastante sofisticados. Havia instrumentos de percussão e de sopro e vários tipos de harpa, que acompanhavam os corais nos templos religiosos.

Pelos documentos e objetos antigos encontrados por arqueólogos, é possível ter uma ideia de como era a música religiosa daquele tempo. Porém, não se sabe muito sobre a música popular, porque essas canções não eram escritas nem registradas de algum modo; passavam oralmente de pessoa para pessoa.

Como seria a música popular daquela época? Será que as pessoas cantavam muito? Será que tinham instrumentos em casa? Será que formavam pequenos grupos musicais para dançar e se divertir?

A civilização grega surgiu depois das civilizações antigas da região mesopotâmica. Os gregos eram muito refinados e adoravam as artes, a ciência e a filosofia. A palavra "música" vem do grego *mousiké*. Essa única palavra significa, ao mesmo tempo, dança, música e poesia.

Na Grécia, há mais ou menos 2500 anos, viveu Pitágoras, um homem muito sábio. Ele tocava um instrumento chamado lira e gostava de observar os sons da natureza. Foi observando os sons e filosofando sobre eles que Pitágoras formulou a teoria da "música das esferas". Segundo essa teoria, cada estrela ou planeta, ao viajar pelo espaço, produz algum tipo de som.

Para entender essa ideia, pense em um pião girando. Se você já brincou de rodar pião, deve ter percebido que ele sempre produz um som ao girar. Quando o pião gira mais rápido, o som é mais agudo. Se gira devagar, o som é mais grave. O tamanho dos piões também faz diferença: os maiores produzem um som mais grave e os menores, um som mais agudo.

Pitágoras dizia que os planetas e as estrelas também produzem som quando giram e viajam pelo céu. O som que as estrelas e os planetas fazem ao girar pelo universo seria a música das esferas.

Não se sabe ao certo se a música das esferas existe. O que se sabe é que Pitágoras e seus discípulos descobriram muitas coisas importantes sobre a música e os sons...

Pitágoras era ao mesmo tempo astrônomo, astrólogo, músico e matemático. Ele dizia que a natureza era perfeita, e essa perfeição era traduzida em forma de matemática.

A matemática e a música têm muita coisa em comum. Não é à toa que os músicos usam números para falar de música: oitavas, tríades, nonas, sétimas... Pitágoras estudou um instrumento de uma corda só, o monocórdio, e tentou descobrir qual nota estava na metade da corda, qual nota estava em um quarto da corda e assim por diante. Desse modo, acabou descobrindo que a posição das notas em uma corda segue uma proporção matemática. Essa proporção se repete sempre e vale para qualquer instrumento de cordas.

Pitágoras descobriu muitas coisas sobre os sons. Por ter sido um dos primeiros a estudar os sons a fundo, ele é considerado o "pai da Acústica", a ciência que estuda os sons. Desde Pitágoras, a Acústica evoluiu muito. Descobriu-se que o som é energia em forma de vibração, como ondas que viajam pelo ar. Por exemplo: quando se toca um tambor, o ar vibra, nossos ouvidos captam essa vibração e nosso cérebro a decodifica em forma de som.

Até hoje, os estudiosos da Acústica continuam aprofundando seus estudos sobre os sons. Eles até inventaram instrumentos que geram sons eletronicamente, ou seja, sem que a gente precise soprar, bater ou fazer vibrar. São os sintetizadores, criados por volta de 1960.

Tem gente que aprende música "de ouvido", isto é, apenas ouvindo e tentando repetir o que ouviu, cantando ou tocando algum instrumento musical. Muitas vezes, é assim que a música passa de geração para geração. Mas, assim como podemos ler e escrever letras e palavras, podemos também escrever notas e ritmos para guardar e "ler" depois. Culturas diferentes inventaram maneiras diferentes de escrever música.

A escrita musical mais utilizada no mundo atual surgiu por volta do ano 600, na Europa. No início, essa escrita era bem simples. Os músicos faziam apenas algumas marcas na letra da música, indicando mais ou menos como cada palavra ou sílaba deveria ser cantada: mais aguda ou mais grave. Em geral, os cantores já conheciam as músicas, e as marcas apenas os ajudavam a se lembrar das melodias. Com o tempo, essas marcas passaram a ser colocadas numa pauta com algumas linhas, posteriormente chamada de "partitura". Se a marca fosse desenhada nas linhas de cima, o som era mais agudo; se a marca fosse desenhada mais abaixo, o som era mais grave.

Por volta do ano 1000, viveu na Itália um homem chamado Guido d'Arezzo. Dizem que foi ele quem deu nome às notas musicais: *ut-re-mi-fa-sol-la-si*, quase como as notas que conhecemos hoje: dó-ré-mi-fá-sol-lá-si. Esses nomes vieram de um hino religioso escrito em latim, que continha as expressões: "Ut queant laxis", "Resonare fibris", "Mira gestorum", "Famuli tuorum", "Solve polluti", "Labii reatu" e "Sancte Ioannes".

Dizem também que D'Arezzo foi o inventor da pauta de cinco linhas. Nessa pauta, cada linha e cada espaço entre as linhas correspondem a uma nota específica. Símbolos especiais foram criados para marcar a duração de cada nota e de cada pausa. Até mesmo a intensidade das notas passou a ser indicada na partitura.

A escrita musical foi uma invenção muito importante. É graças a ela que podemos ouvir e tocar, hoje em dia, músicas que foram criadas séculos atrás. Já pensou se uma orquestra inteira precisasse saber todas as músicas de ouvido? Seria uma confusão! Com a ajuda da escrita musical, dezenas de artistas podem tocar músicas complicadíssimas e muitas vezes enormes, todos juntos e em perfeita sintonia.

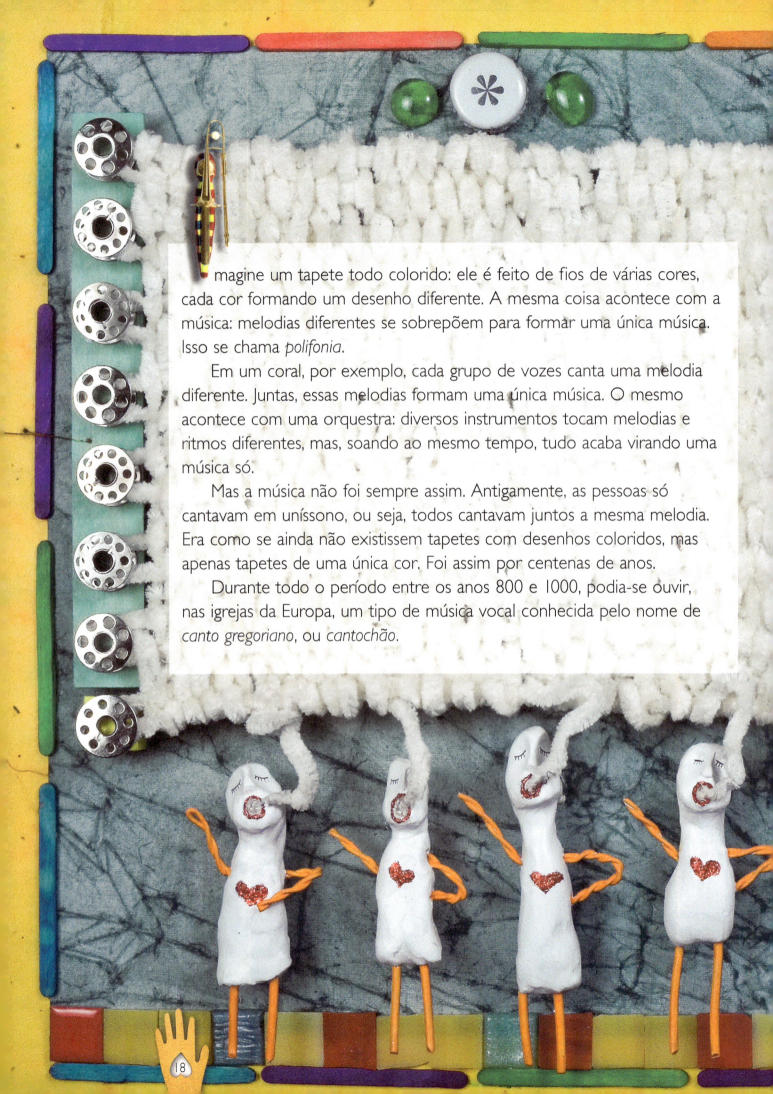

Imagine um tapete todo colorido: ele é feito de fios de várias cores, cada cor formando um desenho diferente. A mesma coisa acontece com a música: melodias diferentes se sobrepõem para formar uma única música. Isso se chama *polifonia*.

Em um coral, por exemplo, cada grupo de vozes canta uma melodia diferente. Juntas, essas melodias formam uma única música. O mesmo acontece com uma orquestra: diversos instrumentos tocam melodias e ritmos diferentes, mas, soando ao mesmo tempo, tudo acaba virando uma música só.

Mas a música não foi sempre assim. Antigamente, as pessoas só cantavam em uníssono, ou seja, todos cantavam juntos a mesma melodia. Era como se ainda não existissem tapetes com desenhos coloridos, mas apenas tapetes de uma única cor. Foi assim por centenas de anos.

Durante todo o período entre os anos 800 e 1000, podia-se ouvir, nas igrejas da Europa, um tipo de música vocal conhecida pelo nome de *canto gregoriano*, ou *cantochão*.

Essas músicas eram escritas por padres e monges. E foi a partir desse tipo de música que surgiu a polifonia.

O canto gregoriano era sempre cantado em uníssono, mas por volta do século IX essa forma de canto começou a mudar.

Começaram a aparecer variações do cantochão. Um segundo grupo passou a cantar a mesma melodia do primeiro, só que em um tom diferente. Assim, a música passou a ter o que a gente chama de "duas vozes". Cada grupo de cantores representa "uma voz" da música. A primeira voz canta a melodia principal, enquanto a segunda voz, ao mesmo tempo, canta algo diferente.

Aos poucos, essa "segunda voz" foi ficando cada vez mais livre. Enquanto a primeira voz subia do grave para o agudo, a segunda descia do agudo para o grave. Enquanto o primeiro grupo cantava uma melodia bem lenta, o segundo cantava uma melodia rápida e cheia de notas. E a música nunca soava confusa, pelo contrário: as duas vozes sempre se encaixavam perfeitamente, e a música ficava linda de se ouvir.

Entre os anos 1150 e 1300, surgiram músicas em que três ou quatro grupos de cantores cantavam melodias diferentes, todos ao mesmo tempo. Foi nessa época que a polifonia realmente floresceu. A escrita musical também estava se desenvolvendo, e os músicos podiam escrever notas e ritmos com mais precisão. Isso facilitou a composição de músicas elaboradas, com várias melodias simultâneas.

A polifonia foi uma verdadeira revolução na música europeia. Os ouvintes se entretinham ora acompanhando uma das melodias, ora outra. Podiam também fechar os olhos e deixar-se levar pelo conjunto de diferentes melodias soando ao mesmo tempo...

O período em torno dos anos 1000 a 1500 é a parte da história europeia chamada de Idade Média. Foi a época dos castelos, das princesas, dos reis e cavaleiros apaixonados... e também dos artistas viajantes, músicos, acrobatas e atores que iam de vila em vila divertindo as pessoas. Que tipo de música será que eles faziam?

Nessa época, surgiram os trovadores, ou menestréis. Alguns vinham do povo; outros, de famílias nobres. Alguns deles sabiam ler e escrever. Graças a isso, muitas de suas músicas sobreviveram ao passar dos anos, chegando até os dias de hoje.

Os trovadores cantavam acompanhados de instrumentos parecidos com os violões, violinos e harpas que conhecemos hoje em dia. Muitos desses cantores eram respeitadíssimos por seu talento como músicos e poetas.

Música e poesia estavam sempre juntas. As letras das músicas falavam de amor, de belas donzelas, de deliciosos vinhos e de aventuras heroicas. E, de vez em quando, entre uma canção de amor e outra, os trovadores também cantavam músicas engraçadas ou críticas, nas quais expunham sua opinião sobre os acontecimentos da época.

Com o desenvolvimento da polifonia e da escrita musical, a figura do compositor passou a ter cada vez mais importância. E a invenção da prensa de tipos móveis feita por Gutenberg, por volta de 1440, também afetou a música na Europa. Antes, tudo era escrito a mão. Com a prensa, os músicos puderam imprimir várias cópias de suas músicas, divulgando assim suas composições.

Violinos de som puro e refinado foram construídos por artesãos talentosos, como o famosíssimo Stradivarius. O piano, inventado por volta de 1700, tornou-se um dos instrumentos mais usados pelos compositores. No piano eles podiam tocar várias notas ao mesmo tempo e, assim, compor músicas complexas, sobrepondo melodias diferentes.

Os conjuntos instrumentais foram aumentando em importância e tamanho. Reis, rainhas e outras pessoas da nobreza contratavam músicos para tocar nas cortes, fazendo muitos compositores tornarem-se famosos.

Deste modo, a música europeia foi passando por várias fases, e cada uma recebeu um nome. Para entendê-las melhor, vamos conhecer uma família muito especial...

Imagine uma família de cinco irmãs. A mais velha era religiosa e emotiva. Tinha muito talento para as artes. Inventava músicas e desenhos cheios de detalhes tão bonitos que emocionavam a todos. Ia à igreja todos os domingos. Era um primor de moça...

A segunda irmã era diferente. Vestia-se de maneira simples, sóbria, mas sempre com muita elegância. Escolhia com cuidado cores e formas, preferindo sempre as mais claras, mais limpas, menos enfeitadas. Fazia tudo com beleza e perfeição. Até mesmo quando contava piadas ela era chique...

A terceira irmã era uma romântica incorrigível. Adorava ouvir histórias trágicas, de sofrimento ou de amor. Seu humor era flutuante: num minuto estava feliz e já no outro, zangada. Sentia-se triste e sofredora; dali a pouco ia dormir, sonhadora. Estava sempre perguntando coisas profundas sobre a vida e o ser humano, sobre seu próprio destino e o dos outros. Por isso, dava muito trabalho aos pais, que nunca sabiam exatamente o que responder.

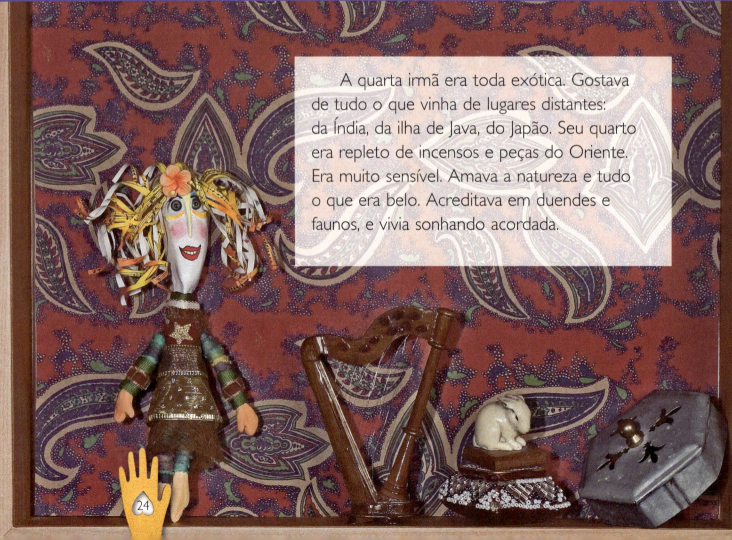

A quarta irmã era toda exótica. Gostava de tudo o que vinha de lugares distantes: da Índia, da ilha de Java, do Japão. Seu quarto era repleto de incensos e peças do Oriente. Era muito sensível. Amava a natureza e tudo o que era belo. Acreditava em duendes e faunos, e vivia sonhando acordada.

 quinta e última irmã nasceu do
segundo casamento da mãe.

Era moderníssima e muito inteligente.
Adorava computadores.
Lia livros sobre Física e filosofia oriental.
Meditava todas as manhãs e era a única
que sabia consertar qualquer aparelho
eletrônico da casa.

A música barroca é parecida com a irmã mais velha. Durante a fase barroca da música, mais ou menos de 1600 até 1750, muitas ideias musicais se tornaram importantes, como a posição dos acordes em uma música, o contraponto e os ornamentos. Johann Sebastian Bach foi um dos grandes compositores dessa época. Sendo homem de muita fé, compunha músicas para emocionar as pessoas e trazê-las para perto de Deus. Em sua família havia muitos músicos: o pai, os tios, o avô, tios-avós, primos e até os sobrinhos eram músicos. Bach, por sua vez, teve vinte filhos, muitos deles músicos famosos em sua época e até hoje respeitados. Vivaldi, Monteverdi e Handel são outros compositores famosos da música barroca.

A segunda irmã de nossa família se parece com a música chamada clássica. Surgiu mais ou menos em 1750 e chegou com vontade de fazer tudo diferente da música barroca. Os compositores dessa fase queriam criar músicas elegantes, com estrutura clara, de perfeição quase geométrica. Mozart e Haydn foram dois grandes compositores da fase clássica.

A terceira irmã é a música romântica, que surgiu por volta de 1820. Era dramática e expressiva, mais preocupada com a alma do homem do que com a religião. Queria expressar as emoções, temores, paixões e tormentos da humanidade. Beethoven e Brahms foram dois dos mais importantes compositores românticos. Nessa mesma época, a orquestra tornou-se maior e passou a funcionar como se fosse um único instrumento, grande e poderoso, tocado com a ajuda da batuta de um bom maestro.

A quarta irmã é a música impressionista, surgida no início do século XX. Alguns de seus compositores inspiraram-se no Oriente e criaram melodias sutis e sensuais, intimistas, com um irresistível apelo exótico. Ravel e Debussy estão entre os mais importantes compositores da fase impressionista.

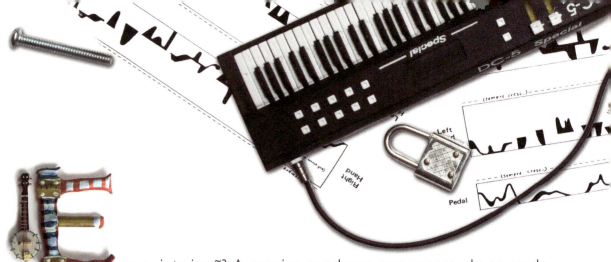

E a quinta irmã? A menina moderna que nasceu do segundo casamento? Ela é a música contemporânea, um tipo de música para quem gosta de quebrar regras e experimentar coisas novas.

Durante séculos, muitas técnicas de composição musical foram sendo criadas e aprimoradas, formando uma tradição musical muito sólida. Havia regras para organizar as notas, as melodias e os ritmos. Utilizando essas regras e muita criatividade, os compositores produziam músicas variadas e deslumbrantes. No entanto, havia regras, princípios e tradições que também limitavam um pouco a arte de compor, impediam o compositor de se entregar completamente à imaginação, tolhiam de certa forma sua liberdade.

No século XX, alguns músicos começaram a questionar tudo isso. Queriam ser totalmente livres para compor, mas as técnicas e regras ficavam no caminho, atrapalhando. Então, começaram a fazer músicas que soavam bem estranhas aos ouvidos. Através da música, esses compositores começaram a explorar novas ideias, a experimentar ritmos, escalas e harmonias diferentes.

Muitas pessoas não gostaram nada disso. Achavam que aquela nova música não passava de barulho desorganizado e sem sentido. Porém, agora havia mais liberdade de experimentação, o que deu origem a composições com sonoridades completamente novas.

Os novos compositores começaram a questionar muita coisa: qual é a diferença entre música e barulho? Será que ruídos podem fazer parte de uma música? O que é o belo? Só o que é belo vale a pena? Será que não existem maneiras diferentes de explorar a relação do homem com os sons? E o silêncio? Silêncio também é música?

O som potente da orquestra já não era suficiente: muitos compositores experimentaram os novos sons proporcionados pelos sintetizadores e outros aparelhos eletrônicos. Alguns desses compositores, como o norte-americano John Cage, usaram o silêncio como música, bem como sons de objetos como latas, martelos, rádios fora de sintonia, automóveis e todo tipo de coisa que se possa imaginar...

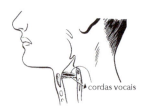

Todo mundo gosta de cantar. A voz é um instrumento belíssimo, que toca o coração de quem canta e de quem ouve. E existem diversas formas de cantar...

Tuva é um lugar montanhoso da Ásia onde vive um povo que usa uma técnica curiosa: um único cantor é capaz de cantar mais de uma nota ao mesmo tempo! Com essa técnica, eles combinam melodias diferentes em uma só música, criando um efeito belíssimo.

Na Índia, o canto é considerado uma arte superior. Os cantores muitas vezes cantam acompanhados por instrumentos como a tabla (um tipo de tambor), a cítara e a tanpura (instrumentos de cordas). Muitos músicos indianos adoram improvisar enquanto cantam ou tocam seus instrumentos. A importância da improvisação na música indiana expressa a visão de mundo que esse povo tem: para os indianos, a música, assim como a vida, é como um rio que sempre flui e cria novos caminhos.

A ópera representa o virtuosismo do canto na música erudita europeia, e muitos compositores e cantores se dedicaram a esse estilo musical, que surgiu por volta de 1600. A ópera, muitas vezes, combina a música com a *performance* teatral. Os solistas são também atores e, junto com a orquestra, os cenários, os figurinos e os corais, formam um grandioso espetáculo para os olhos e para os ouvidos.

Na China também existe um outro tipo de ópera, conhecida como Ópera Chinesa ou Ópera de Pequim. Esse espetáculo também mistura a música cantada com a *performance* teatral. Esse tipo de ópera surgiu por volta do ano de 730, muito antes do aparecimento da ópera europeia.

Existem tantas maneiras de cantar que seria impossível falar de todas elas. Nos quatro cantos do mundo, há gente que canta: europeus, brasileiros, africanos, americanos, chineses, japoneses, tailandeses, javaneses, nepaleses, russos... tribos de índios, de pigmeus, de aborígines australianos... no polo Sul e no polo Norte, em todos os continentes e ilhas, todo mundo canta!

Durante milhares de anos, por toda parte do planeta, o ser humano foi se aperfeiçoando na arte de criar e construir instrumentos musicais. O som de cada instrumento depende do material usado e da forma como o instrumento é construído.

Em uma orquestra moderna, existem vários instrumentos musicais. Mas a orquestra que a gente conhece aqui no Ocidente é apenas um exemplo de grande grupo musical. Em diferentes partes do mundo existem diferentes tipos de orquestra. Algumas tocam instrumentos musicais totalmente diversos dos que a gente está acostumada a ver por aqui.

Na Indonésia, existe um tipo de orquestra que se chama Gamelão. Esse maravilhoso grupo musical é composto principalmente de voz e instrumentos de percussão, como os tambores, xilofones e gongos. Eles são tocados por músicos vestidos com roupas ricamente bordadas, especiais para serem usadas em suas apresentações.

As baterias de escola de samba são um bom exemplo de grande grupo musical. Formadas exclusivamente por instrumentos de percussão, elas chegam a contar com mais de 400 músicos!

As primeiras escolas de samba foram fundadas no Rio de Janeiro em 1928 e 1929. De lá para cá, muitas outras escolas de samba foram criadas.

Você sabe quais são os instrumentos musicais usados na bateria de uma escola de samba? E em uma orquestra? Tente descobrir: vai ser interessante perceber quantos deles a gente mal conhece...

Os instrumentos musicais podem ser acústicos ou elétricos. Os acústicos produzem sons sem necessitar de eletricidade. Os elétricos usam a energia elétrica para captar, amplificar e modificar o som. E existem também os instrumentos eletrônicos, que geram sons artificialmente, como os sintetizadores e os computadores.

Ligados nos amplificadores, esses novos instrumentos elétricos e eletrônicos inspiraram muitos músicos a criar novos tipos de música. O rock, o pop, o funk, o heavy metal, o rap e o reggae são alguns dos estilos musicais que surgiram só depois que a eletricidade entrou no cenário da música.

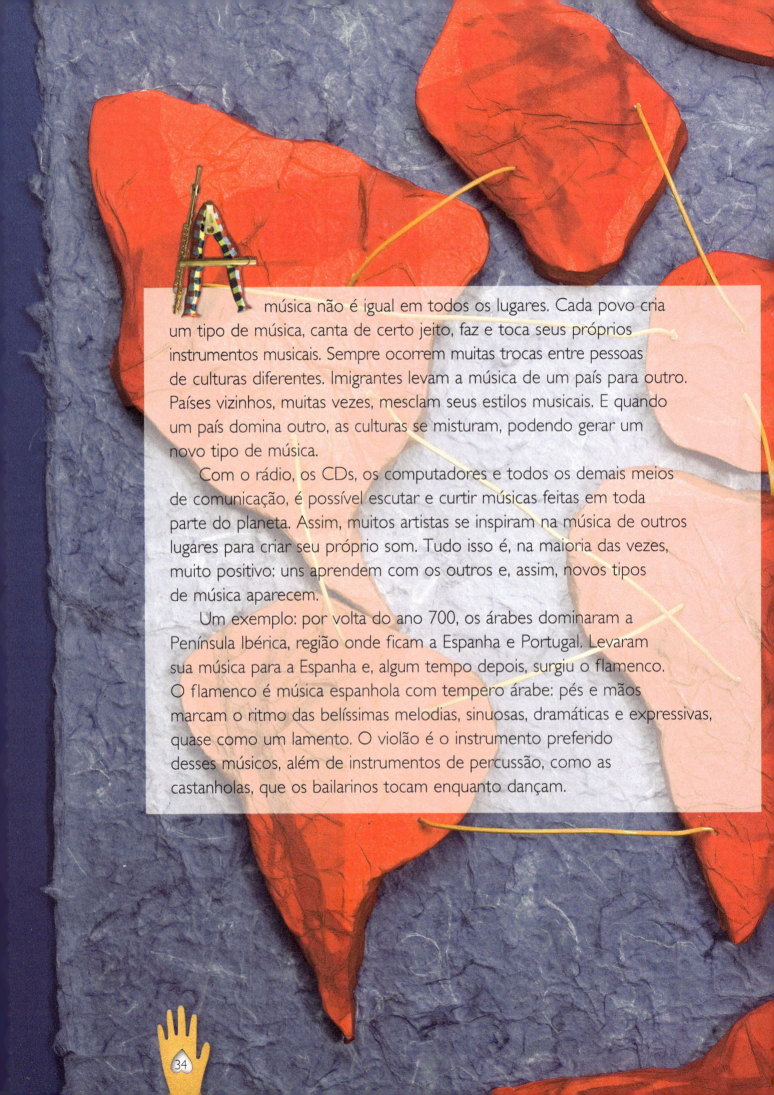

A música não é igual em todos os lugares. Cada povo cria um tipo de música, canta de certo jeito, faz e toca seus próprios instrumentos musicais. Sempre ocorrem muitas trocas entre pessoas de culturas diferentes. Imigrantes levam a música de um país para outro. Países vizinhos, muitas vezes, mesclam seus estilos musicais. E quando um país domina outro, as culturas se misturam, podendo gerar um novo tipo de música.

Com o rádio, os CDs, os computadores e todos os demais meios de comunicação, é possível escutar e curtir músicas feitas em toda parte do planeta. Assim, muitos artistas se inspiram na música de outros lugares para criar seu próprio som. Tudo isso é, na maioria das vezes, muito positivo: uns aprendem com os outros e, assim, novos tipos de música aparecem.

Um exemplo: por volta do ano 700, os árabes dominaram a Península Ibérica, região onde ficam a Espanha e Portugal. Levaram sua música para a Espanha e, algum tempo depois, surgiu o flamenco. O flamenco é música espanhola com tempero árabe: pés e mãos marcam o ritmo das belíssimas melodias, sinuosas, dramáticas e expressivas, quase como um lamento. O violão é o instrumento preferido desses músicos, além de instrumentos de percussão, como as castanholas, que os bailarinos tocam enquanto dançam.

Africa tem ritmos e melodias maravilhosos. Algumas das mais belas músicas que existem hoje no mundo vieram do continente africano.

Na época da colonização das Américas, os negros africanos foram trazidos para trabalhar como escravos. A escravidão é uma coisa tristíssima: pessoas são levadas para longe de sua terra e de sua família para trabalhar duro, sem ganhar nada e sofrendo castigos desumanos.

Mas a vida transformou um episódio tão triste em música da mais alta qualidade: os negros trazidos para as Américas criaram o samba, o mambo, a rumba, a salsa (que nasceu na ilha de Cuba e lá é chamada de *son*), o *jazz* e vários outros tipos de música que tornam a vida da gente muito mais alegre, muito mais rica.

Quem canta seus males espanta: muita música bonita e de excelente qualidade nasceu da alma dos negros, que, longe de sua terra e de sua gente, precisavam expressar-se de algum modo para fugir do isolamento e da solidão.

Nos Estados Unidos, há muito tempo, os escravos cantavam durante o trabalho, principalmente nas plantações de algodão.

canto acompanhava a enxada batendo no chão e dava ritmo à tarefa repetitiva e braçal. Havia músicas tristes como lamentos, conhecidas hoje como *blues*.

Os brancos queriam que os negros abandonassem sua religião para se tornar cristãos. Nas igrejas, os negros começaram também a cantar, misturando seus cantos aos temas religiosos, dando origem a músicas belíssimas. As músicas religiosas dos negros norte-americanos são chamadas de *gospel* ou *spiritual*.

Havia, entre os negros, músicos de talento excepcional: cantavam bem, tocavam instrumentos musicais com habilidade e criavam belíssimos arranjos vocais. Com o passar dos anos, sua música foi também conquistando os brancos, tomando conta das festas, das salas de concerto, dos salões de dança, bares, restaurantes e ruas das cidades. Nascia o *jazz*. Ninguém conseguia resistir aos improvisos, às melodias, aos ritmos e à poesia daquela música. *Jazz* era sinônimo de liberdade.

De lá para cá, a música negra norte-americana se expandiu muito. O *jazz*, o *blues*, o *spiritual*, o *soul* e o *rhythm and blues* são tocados e amados no mundo inteiro.

rock and roll nasceu por volta de 1950. Assim como o *jazz*, o *rock* também surgiu a partir da música negra americana e depois se espalhou pelo mundo. Quando o *rock* apareceu, já existiam o cinema, o disco de vinil e a televisão. Os artistas podiam usar todos esses meios para divulgar sua imagem e sua música. A imagem do músico, aliás, tornou-se muito importante: os jovens se identificavam com o modo de se vestir e de se comportar dos artistas, e estes, por sua vez, expressavam os sonhos e as ideias de toda uma geração.

Elvis Presley foi um dos primeiros cantores de *rock* a se tornar mundialmente famoso. Apesar de ser branco, ele amava a música dos negros e se inspirou nela para cantar e compor suas canções. Era um homem bonito, com olhos verdes belíssimos. Seu jeito de dançar misturava a masculinidade com um modo sensual de requebrar os quadris. Isso, na época, foi uma verdadeira revolução, pois a maioria dos cantores norte-americanos não rebolava nunca... A mistura de todos esses ingredientes levava as plateias à loucura. Elvis Presley também fez filmes em que atuava, dançava e cantava, usando o cinema para divulgar sua música.

No embalo do sucesso de Elvis Presley, começaram a surgir grupos com nomes engraçados. Por exemplo, os Beatles — que, em português, significa "Besouros" — e os Rolling Stones — nome que, traduzido, vira "Pedras Rolantes" — foram grupos musicais que apareceram na década de 1960 e ganharam fama internacional. As guitarras elétricas, o jeito de os artistas se vestirem, dançarem e cantarem tornavam o *rock* uma atração irresistível para os jovens, que queriam algo novo com que pudessem se identificar.

Durante todo esse período, do *jazz* ao *rock*, os estúdios de gravação se aprimoraram. Os equipamentos de som evoluíram, tanto para a música gravada quanto para a música ao vivo.

As plateias dos *shows* de *rock* aumentavam cada vez mais. Milhares de pessoas no mundo inteiro cantavam as músicas, iam aos espetáculos, compravam discos e se vestiam e se comportavam como seus ídolos.

O *rock* não era apenas mais um novo tipo de música: ele representava o ideal de liberdade da juventude, as novas ideias e valores, um novo modo de pensar sobre as coisas da vida e do mundo. O *rock* representava a rebeldia, mas também uma nova era: a das cidades grandes, dos novos meios de comunicação, da cultura de massa, da indústria e dos produtos de consumo.

A partir do *rock*, muitos outros tipos de música apareceram, mostrando aspectos diferentes da vida moderna. Por exemplo: o *punk*, o *rap* e o *heavy metal* são mais que estilos musicais. Seus seguidores são as novas tribos que habitam as grandes cidades, com seu modo de vestir, sua maneira de se comportar e um jeito próprio de levar a vida e expressar opiniões.

Brasil faz uma das músicas mais bonitas do mundo. Nossa música, assim como toda a nossa cultura, nasceu da combinação cultural entre índios, portugueses e negros e sofreu influência de muitos outros povos.

Os índios brasileiros já faziam música desde muito antes da chegada dos portugueses. Sempre cantaram, dançaram, tocaram percussão e flautas. Fazem instrumentos musicais com materiais encontrados na natureza: madeira, palha, sementes, cabaças. Ensinaram aos portugueses a sabedoria de viver nos trópicos e influíram de muitas maneiras na formação da cultura brasileira: na alimentação, na linguagem e no artesanato. Em termos de música, no entanto, as influências mais marcantes foram as dos portugueses e dos africanos.

Quando vieram para cá, os portugueses trouxeram muitas danças e canções de seu folclore. Trouxeram também vários instrumentos musicais, como o clarinete, o violão, a sanfona e o piano.

Da mesma forma, muitas cantigas de ninar, modinhas, músicas religiosas e até mesmo algumas festas, como o bumba meu boi e o entrudo, que depois se transformou no Carnaval, foram trazidas pelos portugueses.

Por volta de 1538, os escravos começaram a chegar também ao Brasil. Vindos de um continente cheio de música, danças e ritmos, trouxeram muito de sua cultura. Vários instrumentos de percussão que conhecemos têm origem africana, como o berimbau e o agogô. O maracatu, o lundu, o cateretê, o jongo e, é claro, o samba são tipos de música e dança que têm suas raízes na África.

Lentamente, a riqueza da música, das danças e dos instrumentos africanos foi se misturando para sempre com a poesia, os ritmos e as festas dos portugueses.

Os negros temperaram a delicada música portuguesa com ritmos cheios de balanço, resultando em melodias graciosas e contagiantes que o povo brasileiro adora cantar e dançar.

A combinação das culturas dos negros e portugueses e, talvez, a inspiração vinda do sol tropical e da exuberante natureza brasileira geraram em nosso país uma variedade sem igual de estilos musicais. A criatividade e a alegria do povo ajudaram a temperar ainda mais essa mistura: são incontáveis os ritmos, danças, canções e festas populares que existem por aqui.

Segundo alguns pesquisadores, o samba e o baião são as principais "famílias" da música brasileira. Existem variedades, tais como o samba de roda, o samba-canção, o samba-enredo, o samba de breque, o samba de partido alto, o pagode e o samba-*funk*. A família do baião também tem vários ritmos, como o xote e o xaxado, muito populares no Nordeste do Brasil.

O baião nasceu no Nordeste, na voz de Luiz Gonzaga. Em 1946, ele gravou duas músicas que fizeram muito sucesso: *Asa branca* e *Baião*. A letra de *Baião* diz assim: "Eu vou mostrar pra você / Como se dança o baião / E quem quiser aprender / É melhor prestar atenção (...)". Pois foi isso mesmo que aconteceu: o povo prestou atenção, aprendeu, e, a partir daí, o baião ficou famoso no Brasil inteiro. A sanfona, o zabumba e o triângulo são os instrumentos mais usados nesse tipo de música.

O samba ficou conhecido no mundo todo como a música típica do Brasil. A cantora Carmem Miranda, que, além de cantar, também usava figurinos interessantíssimos, foi uma das primeiras a levar o samba brasileiro para o resto do mundo. Carmem Miranda ficou famosa fazendo filmes em Hollywood, nos quais aparecia sempre linda, com seus chapéus e sapatos espalhafatosos, sorrindo, cantando e dançando os maravilhosos sambas brasileiros. E o cinema espalhou o balanço do samba pelo mundo afora.

E o choro? Também conhecido por chorinho, é uma música fortemente instrumental, mas que também pode ser cantada. Nasceu por volta de 1870, no Rio de Janeiro. Os "chorões" são os músicos que tocam as melodias e os ritmos envolventes do choro. Tocam sempre com talento e alegria, dominando o clarinete, o violão de sete cordas, o cavaquinho, o pandeiro, a flauta e outros instrumentos.

Além desses, existem muitos outros tipos de música tipicamente brasileira: o frevo, o maracatu, o coco, as emboladas, o repente, o maculelê, a moda de viola, as serestas mineiras...

Talvez uma das maiores qualidades dos músicos brasileiros seja o prazer de misturar estilos diferentes e assim criar algo novo, sem medo de experimentar jeitos de tocar, cantar e compor.

No final da década de 1950, um novo estilo musical surgiu no Brasil: a bossa-nova. Ela nasceu com Tom Jobim, um de seus maiores compositores, e com João Gilberto, que toca violão e canta suavemente lindas canções. A bossa-nova mistura a batida do samba com uma pitada de *jazz*. É tocada e admirada, desde aquele tempo até os dias de hoje, no mundo inteiro.

A partir de 1960, os novos tipos de música que estavam sendo tocados nos Estados Unidos e na Inglaterra, como o *rock* e o *pop*, começaram a chegar ao Brasil por meio dos discos, do rádio e da televisão. Compositores e cantores brasileiros começaram também a usar guitarras elétricas, de modo que as canções passaram a ter temas mais urbanos e modernos. E as sonoridades foram mudando...

Ainda nos anos 1960, surgiu a Jovem Guarda, um grupo de músicos liderados por Roberto Carlos e Erasmo Carlos. Foram eles que fizeram alguns dos primeiros *rocks* brasileiros. Usavam guitarras, vestiam-se de maneira diferente, eram cabeludos e apareciam na televisão. Havia também, entre outros, o excelente grupo Os Mutantes, que fazia música brasileira com forte influência do *rock* inglês e americano.

Na mesma época, surgiram os tropicalistas, liderados por Caetano Veloso e Gilberto Gil. Misturavam um pouco de tudo: músicas antigas com músicas modernas, sons tradicionais com sons novos. As letras das canções também inovaram: pela primeira vez, misturavam Coca-Cola e coqueiros, cinema e capoeira, guitarras e caravelas... Falavam de coisas tipicamente brasileiras, mas também de indústrias e avenidas, e até mesmo de super-heróis de histórias em quadrinhos. As canções faziam pensar sobre as coisas da vida, do Brasil e da própria música brasileira. E também faziam cantar e dançar. Mais do que um movimento puramente musical, o Tropicalismo foi um movimento cultural que influenciou definitivamente as artes brasileiras.

Hoje em dia, há uma grande variedade na música popular brasileira. Muitos artistas misturam estilos e ritmos, cantam e tocam coisas novas e antigas, daqui e de outros lugares, sem medo de explorar e reinventar sempre. A música que se faz no Brasil é conhecida, amada e respeitada por nós, brasileiros, e também por milhões de outras pessoas, em várias partes do mundo.

Como você já pôde notar, o mundo tem música pra dar... e vender! A música mora no coração das pessoas. E também é um dos negócios mais lucrativos do mundo. Está no rádio, na televisão, no computador, nos discos, filmes, *shows* e concertos.

Muita gente vive da música. Compositores recebem direitos autorais quando suas músicas são tocadas no rádio, na televisão ou no cinema. Músicos, cantores, técnicos de som, empresários e gravadoras ganham dinheiro quando produzem e vendem CDs e DVDs musicais e quando realizam *shows*. Todos esses profissionais fazem a música chegar até nossos ouvidos.

A música se modernizou. Hoje em dia, toda música feita profissionalmente passa por um computador: um técnico especializado ajusta o som, melhora a qualidade, acrescenta efeitos e dá os retoques finais.

Os meios de gravar e "guardar" a música também estão mudando rapidamente. Nos últimos cem anos, vimos o nascimento do álbum de vinil, seguido pelas fitas cassete, pelos CDs e por novos formatos digitais. Antigamente só existia música ao vivo, pois não se sabia ainda como gravar o som. Mas hoje em dia a música é divulgada por toda parte também pela internet.

E no futuro? Como será que a música vai ser distribuída? As tecnologias estão mudando tão rápido que nem podemos prever o que acontecerá com a música daqui a dez ou vinte anos...

Tudo o que você ficou sabendo aqui, do tempo das cavernas até os dias de hoje, é apenas uma pequena, muito pequena parte da história da música. Um chinês, um russo, um morador do polo Norte ou de uma pequena ilha da Polinésia certamente vão conhecer e contar outras histórias.

A música é uma arte que se desenvolveu de maneiras diferentes em cada lugar. Ela atravessou os séculos mudando sempre e sendo sempre recriada. Ao mesmo tempo tão diversa e tão única, é muito difícil explicar a música em palavras: o melhor é ouvi-la.

A música é generosa e gosta de todos nós: crianças, adultos e idosos, profissionais e amadores, artistas e gente que acha que não é artista, afinados e desafinados.

A história da música não tem fim. A todo momento, há pessoas criando músicas e instrumentos musicais. Por isso, a música é uma arte viva, está sempre renascendo, voando alto pelos ares e morando para sempre no coração de cada um de nós.

REFERÊNCIAS BIBLIOGRÁFICAS

BAILIE, John. *The Da Capo history of Western classical music*. New York: Da Capo Press, 1999.

BARBER, Nicky *et al*. *The Kingfisher young people's book of music*. New York: Kingfisher, 1996.

BERGAMINI, Andrea. *Music of the world*. New York: Barron's Educational Series, 1999.

BROUGHTON, Simon *et al*. (Org.). *World music, the Rough Guide*. London: Rough Guides, 1999. v. 1.

BRUMENFELD, Larry (Org.). *Voices of forgotten worlds*. New York: Ellipsis Arts, 1993.

DEYRIES, Bernard *et al*. *História da música em banda desenhada*. Lisboa: Moraes, 1982.

IGUS, Toyomi. *I see the rhythm*. San Francisco: Children's Books Press, 1998.

MANUHIN, Yehudi; DAVIS, Curtis W. *A música do homem*. São Paulo: Martins Fontes/ Editora Fundo Educativo Brasileiro, 1981.

MILLER, Hugh M.; COCKRELL, Dale. *History of Western music*. New York: HarperCollins, 1991.

O'BRIAN, Eileen. *The Usborne story of music*. London: Usborne Publishing, 1997.

ROBERTSON, A.; STEVENS, D. (Org.). *Historia general de la musica*. Madrid: Istmo, 1972. v. 1 a 4.

SHAFER, Murray. *O ouvido pensante*. São Paulo: Unesp, 1991.

VELOSO, Caetano. *Verdade tropical*. São Paulo: Companhia das Letras, 1997.

WEEKS, Marcus. *Music, a crash course*. New York: Watson-Guptill, 1999.

Websites

Enciclopédia Britânica *on-line*. Verbetes: música; música africana; música afro-americana; *jazz*. Disponível em: http://www.eb.com.

http://sc.essortment.com/orchestrasmusic_rbig.htm

Wikipedia. Disponível em: http://pt.wikipedia.org – vários verbetes.

Saiba mais sobre a música popular brasileira:

http://www.canalkids.com.br/arte/musica/index.htm

http://sombrasil.ig.com.br

http://cliquemusic.uol.com.br

Fotos:
CASSIDY CURTIS

Raquel Coelho

Nasceu em Belo Horizonte e desde pequena se interessou pelas artes. Aprendeu um pouco de música, teatro, literatura, dança e artes plásticas e, já adulta, foi trabalhar em uma escola de artes em São Paulo. A experiência de ensinar artes para crianças foi tão legal que ela acabou tendo a ideia de criar esta coleção.

Ainda em São Paulo, Raquel trabalhou profissionalmente tocando viola de orquestra em alguns grupos musicais, e também como ilustradora, artista e escritora, publicando vários livros infantis. Mas ela queria conhecer o mundo e acabou se mudando para Nova York, onde estudou animação e fez um filme de curta-metragem chamado *The Tapir*, que recebeu vários prêmios internacionais. Trabalhou também como animadora em vários outros filmes, incluindo *Bunny*, ganhador do Oscar de melhor curta de animação de 1999. Hoje Raquel vive na Califórnia, é professora universitária e ensina a arte da animação no Departamento de *Design* da San José State University. E, é claro, continua fazendo sempre muita arte...

Visite o *site*:
http://www.caminhodasartes.com

TÍTULOS DA COLEÇÃO

A Arte da Animação

Teatro

Música

ARQUITETURA
A ARTE DE CRIAR ESPAÇOS

A Arte dos Quadrinhos
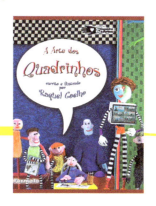